I0844453

# *HET BOEK "PROMOTING AND PROSPERING: STRATEGIEËN VOOR BEDRIJFSGROEI"*

2

# Vrolijk

4

## VOOR

## Wat is zakelijke marketing?

Om hun doelgroep te bereiken, berichten te versturen en de verkoop van producten en diensten te verhogen, gebruiken veel organisaties en bedrijven verschillende marketingtactieken, zoals bedrijfsreclame. Om hun doel te bereiken, kunnen ze verschillende strategieën gebruiken, waaronder public relations, persoonlijke verkoop en direct marketing. Door de beste marketingstrategie voor uw bedrijf te kiezen, kunt u uw winst verhogen en een sterke reputatie opbouwen. Dit artikel behandelt de definitie van handelsbevordering, het onderscheid tussen reclame en reclame, en een bespreking van de verschillende vormen ervan.

## Wat is zakelijke marketing?

Voor het antwoord op de vraag "Wat is commerciële ondersteuning?" U kunt onderzoeken wat het inhoudt en wat de verschillende variaties zijn. Bedrijven gebruiken handelsbevordering als een methode om de verkoop van hun goederen en diensten te verhogen. Het maakt deel uit van de marketingmix, die ook de product-, prijs-, locatie- en advertentie-elementen omvat. Het gebruik van verschillende platforms maakt deel uit van commerciële marketing, met als doel klanten aan te trekken tot aankoop.

**Reclame en commerciële promotie hebben verschillende doelen.**

De exacte categorieën waarin zakelijke marketing en reclame

vallen, is slechts een van de verschillen tussen beide. De andere onderscheidingen zijn:

**definitie**

Het doel van zakelijke marketing is om de verkoop te verhogen door mensen dingen te laten kopen. Flyers, sociale media en directe persoonlijke verkoop zijn enkele manieren waarop bedrijven dit doen. Reclame informeert mensen over een product of dienst via een gesponsord netwerk, zoals tv-commercials. Een onderdeel van zakelijke marketing is adverteren.

**Doelen**

Het doel van commerciële advertenties is om klanten aan te trekken die een product, dienst of merk al kennen om het te kopen. Het belangrijkste doel van deze oefening is om de verkoop te verhogen. Reclame bereikt consumenten die al dan niet bekend zijn met een bepaald merk . Het opbouwen van de reputatie van een merk is het belangrijkste doel van adverteren.

Marketingondersteunende strategieën hebben een onmiddellijke impact, terwijl reclame enige tijd nodig heeft om impact te maken.

## Technologie

Terwijl commerciële reclame directer is, gebruikt publiciteit een indirecte techniek om de bekendheid van een product te vergroten.

## Wat is de doelmarkt?

Een doelgroep is een specifieke demografische groep die het meest waarschijnlijk uw product of dienst zal kopen. Zoals u in de onderstaande grafiek kunt zien, staat dit centraal in al uw targeting- en advertentieplannen.

Het verschilt van persona-targeting (ideale groepen van mensen die ideale klanten zijn), die veel breder is en betrekking heeft op groepen die "mogelijk geïnteresseerd zijn".

## Typische doelgroepen

Een slimme strategie om ervoor te zorgen dat u contact maakt met en invloed uitoefent op de mensen die het meest geneigd zijn om klant te worden, is het definiëren van uw doelgroep.

BMW heeft bijvoorbeeld een specifieke doelmarkt waarvoor het een verscheidenheid aan auto's aanbiedt (en nu ervaringen) op basis van de "ultieme rijmachine".

Hoewel BMW bekend staat om zijn zeer trouwe klanten, is het bedrijf ook actief op zoek naar nieuwe klanten. Hoewel vermogende klanten de belangrijkste doelgroep van het bedrijf zijn, richt het zijn advertenties ook op een breed scala aan mensen over de hele wereld.

## Hoe vind en verbind je je doelgroep

Elk bedrijf zou een idee moeten hebben van hun doelmarkt, maar in B2B-marketing kan het vooral nuttig zijn om doelpersona's te ontwikkelen die veel dieper gaan. Hier kunt u op onderzoek gebaseerde profielen gebruiken die uw potentiële klanten identificeren om u te helpen inhoud te creëren die specifiek is voor hen en hun behoeften.

13

## Effectieve manieren om een geweldige merkidentiteit te creëren?

Moderne klanten willen verbonden zijn met de stem, de boodschap en het merkimago van een bedrijf, niet alleen met een specifiek product. Het bouwen van een merk is echter meer een proces dan alleen een actie. De ondernemer moet de beste strategieën kiezen om zijn merkidentiteit te commercialiseren en deze constant te "leven", zijn werk en zijn consumenten leren kennen.

### Richt je merk op je verhaal

Slimme consumenten zoeken naar manieren om verbinding te maken met en zich te identificeren met de producten en diensten die ze kopen. Jezelf vinden in je oorsprongsverhaal is een krachtige manier voor consumenten om contact te maken met je merk. Uw bedrijfsverhaal moet inspiratie voor uw ontwikkeling bevatten, zodat uw doelgroep zich met u kan identificeren en een gevoel van loyaliteit voor u kan ontwikkelen.

**Zorg dat de klant tevreden is. Maakt de merkbelofte waar**

Bedenk hoe de daadwerkelijke klantervaring de merkbelofte weerspiegelt. Hoe weerspiegelen klantcontactpunten bijvoorbeeld de vertrouwensoriëntatie van de merkbelofte? Staat op uw factuur alleen de boete wegens niet-betaling? Hoe wordt hiermee aan de verplichting voldaan? Het is belangrijk om na te denken over hoe elke fase van de klantreis verband houdt met uw merk.

**Zorg ervoor dat je teamleden het leuk vinden.**

Bedrijfsleiders vergeten vaak dat hun werknemers de beste merkambassadeurs zijn. U bouwt meer aan uw merk dan u van plan was door uw werknemers met respect te behandelen, ze zich gewaardeerd te laten voelen voor het werk waarvoor ze zijn aangenomen en ze de vrijheid te geven om te innoveren. Focus op uw interne klanten; Jij denkt aan de rest.

**Het begint met een sterk gevoel van eigenwaarde.**

Als je niet weet hoe de mensen die je wilt bereiken jou zien, is het bijna moeilijk om een zeer succesvolle merkstrategie te ontwikkelen. Het begrijpen van de waarde van uw unieke bedrijf is van cruciaal belang, maar er komt meer bij kijken dan tegen anderen opscheppen over hoe goed u bent in wat u doet. Verwar de twee niet. Daarom geven grote bedrijven veel geld uit aan focusgroepen.

## Onderscheid u van de concurrentie

Merken die voldoen aan de onvervulde marktvraag onderscheiden zich van de concurrentie. Een die passie en eerlijkheid combineert, iets wat ze vastleggen en moedig overbrengen aan het publiek. Veel merkmanagers aarzelen echter om nieuwe dingen te proberen of zich in het onbekende te wagen. Vergelijkbaar zijn met de oppositie is fataal. De markt snakt naar nieuwigheid, dus geef het ze en ze zullen het kopen.

**Een slogan en logo maken:**

7 focustips.

**Dat is logisch:**

- Stuur een bericht dat uw doelgroep ter harte zal nemen en begrijpen.

- Maak het onvergetelijk.

- krik

- zeg het hardop

- Verwerk het in uw logo-ontwerp. doe wat je kunt doen

- Wat maakt een gedenkwaardig logo-ontwerp?

- Belangrijke elementen bij het maken van een gedenkwaardig logo-ontwerp U moet ervoor zorgen dat uw logo-ontwerp eenvoudig maar onderscheidend is.

## Creëer een digitale aanwezigheid

In 2023 realiseerden we ons dat niets zeker is als het gaat om kleine bedrijven. Bedrijven zijn veranderd, bedrijfsmodellen zijn ontwricht, gewoonten en gedragingen van consumenten zijn veranderd. De introductie van nieuwe technologieën en de toepassing van digitale methoden speelden een belangrijke rol bij veel van deze verbeteringen.

Laten we nu eens kijken hoe het gebruik van digitale tactieken u kan helpen een sterke online aanwezigheid op te bouwen, meer nieuwe klanten te bereiken, de betrokkenheid bij uw huidige klantenbestand te vergroten en het profiel van uw hele bedrijf te verbeteren. Ze moeten consumenten bereiken waar ze nu zijn - online - omdat het consumentengedrag is veranderd.

**Kies de beste websitebouwer voor uw kleine zakelijke website.**
U kunt uw website maken met behulp van een van de vele websitebouwers die beschikbaar zijn. Sommigen vertrouwen op basisontwerp- en codeervaardigheden, terwijl anderen precies dat doen.

**Investeer in een domein**
Als u online vertrouwen wilt wekken en klanten ervan wilt overtuigen dat u de echte deal bent, heeft uw bedrijf een domeinnaam nodig. Het bezit van uw eigen domeinnaam verbetert de positie van zoekmachines en beschermt uw merk.

Beschouw uw domeinnaam als de internetversie van uw fysieke locatie. Bepaal hoe mensen je online vinden.

Wat moet je domeinnaam dan zijn? Probeer bij het kiezen van een domeinnaam deze zo kort en relevant mogelijk te houden voor uw bedrijf. Om klanten aan te moedigen om terug te komen (en u misschien aan hun vrienden aan te bevelen!), moet u ervoor zorgen dat deze relevant is voor uw bedrijf, gemakkelijk te vinden en idealiter gemakkelijk te onthouden is.

Bij het kiezen van uw domeinnaam zijn er verschillende dingen die u moet vermijden, waaronder cijfers, koppeltekens en afkortingen. Natuurlijk is het ook erg belangrijk om ervoor te zorgen dat je de domeinnaam die je wilt daadwerkelijk kunt kopen. Er is niets erger dan het kiezen van een domeinnaam en zelfs het opzetten van sociale media-accounts om erachter te komen dat je al verslaafd bent.

## de welkomstpagina

Beschouw de startpagina van uw website als de ingang. Dit is uw kans om een goede eerste indruk te maken en de belangrijkste kenmerken van uw product of dienst te benadrukken. Houd er rekening mee dat consumenten niet veel tijd hebben en beslissingen over uw website in slechts 0,05 seconden (!!!) worden genomen.

Bij het ontwerpen van uw startpagina is het belangrijk om te denken: "Voor wie is dit?" Dit geldt net zo goed voor uw website als voor uw hele bedrijf. Zorg ervoor dat op uw startpagina duidelijk staat of u zich op een specifieke groep of branche richt. Het kan worden gecommuniceerd door middel van woorden, afbeeldingen of beter nog, beide.

Leg uw bezoekers duidelijk uit wat ze vervolgens moeten doen. Wilt u dat mensen bij u kopen, u bellen of zich aanmelden voor uw mailinglijst? De laatste pagina of actie die bezoekers op uw site ondernemen, mag niet uw startpagina zijn.

## Uw startpagina biografie

Elke kleine ondernemer heeft een verhaal te vertellen. Waardoor ben je begonnen? Welk probleem probeer je op te lossen? Waarom hecht u waarde aan uw bedrijf? Je moet dit verhaal vertellen op je Over-pagina.

Soms lijkt hij zich ongemakkelijk of gedwongen om over zichzelf te praten. Door het verhaal van uw kleine bedrijf te vertellen, geeft u een potentiële klant of supporter echter de kans om meer over u te weten te komen dan anders het geval zou zijn. Leg uit waarom ze geïnteresseerd zouden moeten zijn in wat u doet en wat uw bedrijf onderscheidt van de concurrentie.

Deel ook alle films en foto's die je hebt. Ondanks dat ze een bekend gezicht is in het Constant Contact-kantoor, houdt Dawn in La Provence er niet van om gefotografeerd of online gedeeld te worden. Hoewel aanbevolen, hebben we ervoor gekozen om de beroemde haven van La Provence op uw Over-pagina op te nemen in plaats van een foto van u en uw team. Onder de foto geeft Dawn informatie over de geschiedenis, het ontstaan en de locatie van de winkel.

**contactpagina voor u**

In principe is een contactpagina alleen nodig voor uw klanten om contact met u op te nemen. Het is belangrijk om duidelijk te zijn over wat bezoekers van je verwachten wanneer ze contact met je opnemen. Wanneer ga je weer reageren? Wat verwacht je dat ze laten zien? Welke gegevens moet u absoluut in uw bericht opnemen?

Het is een goed idee om details op te nemen over uw contactgegevens en waar en wanneer klanten u kunnen vinden. Hoewel de meeste mensen waarschijnlijk het contactformulier zullen gebruiken, willen anderen misschien een dringende reactie en geven ze de voorkeur aan bellen of langskomen.

Het verstrekken van uw adres, contactgegevens en openingstijden op deze pagina zal dit proces vergemakkelijken.

## Hoe kunnen bedrijven social media inzetten voor hun marketing?

Sociale media zijn een geweldige manier om in contact te komen met uw klanten en te zien wat anderen over uw bedrijf zeggen. Mobiele apps, weggeefacties en advertenties op sociale media zijn andere mogelijke toepassingen. Sociale media kunnen uw bedrijf helpen klanten aan te trekken, feedback van klanten te verzamelen en loyaliteit op te bouwen.

## Hoeveel wordt sociale media gebruikt om te adverteren voor andere bedrijven?

Hoe een effectieve B2B-marketingstrategie voor sociale media te creëren

Synchroniseer uw doelen met die van uw bedrijf.

Wees je bewust van maatschappelijke kansen.

Houd uw klanten in de gaten.

Gebruik de juiste social media platformen.

Creëer B2B-content vanuit een nieuwe invalshoek.

Analyseer je statistieken om je voortgang te zien.


## Wat is SEO-marketing precies?

Zoekmachineoptimalisatie (SEO) houdt in dat uw website wordt gerangschikt om hoger op een SERP (zoekmachine resultatenpagina) te verschijnen om meer bezoekers aan te trekken. Het is gebruikelijk om zoekwoorden op de eerste pagina met resultaten van zoekmachines voor uw doelmarkt te rangschikken. Beschrijf SEO. Hoe het werkt?

De kunst en wetenschap van het verbeteren van de positie van een pagina in zoekmachines zoals Google wordt weboptimalisatie (SEO) genoemd. Omdat zoeken een van de belangrijkste manieren is waarop consumenten online inhoud ontdekken, kan het verkeer naar een website toenemen naarmate deze hoger scoort in zoekmachines.

## Hoe kun je SEO gebruiken om een bedrijf op de markt te brengen?

**8 SEO-tips voor kleine bedrijven**
1. Kies logische zoekwoorden.
2. Besteed aandacht aan uw unieke items.
3. Link naar uw site in plaats van deze vol te proppen met zoekwoorden.
4. Produceer zeer eersteklas,
5. Publiceerbaar materiaal.
6. Deelnemen aan activiteiten op sociale media.
7. Zorg ervoor dat uw site gemakkelijk te navigeren is.
8. Analyseer de resultaten.

## Wat is een strategie voor contentpromotie?

De praktijk van het delen van blogposts en andere bronnen via betaalde en gratis kanalen. Daarom worden influencer-advertenties, public relations, e-mailmarketing, sociale media en distributie bekend als inhoudsadvertenties.

## Wat houdt enterprise contentmarketing in?

Een vorm van adverteren die bekend staat als "contentmarketing" is het creëren en verspreiden van online-inhoud met als doel lezers aan te moedigen de website van een merk te bezoeken, niet alleen om deze te promoten. Het gebruik van storytelling en het delen van informatie helpt de naamsbekendheid te vergroten.

## Hoe kan contentmarketing worden gebruikt om mijn bedrijf te promoten?

1. Hoe u contentmarketing kunt gebruiken om uw bedrijf te laten groeien
2. Bepaal uw doelgroep.
3. Zoek naar relevante termen.

4. Kies en wijs uw middelen toe.
5. Je moet je team plannen.
6. inhoud creëren
7. Adverteer voor de gewenste doelgroep.
8. Voeg uw resultaten toe.

## Welke marketingbenaderingen worden ondersteund door sociale media?

Op buffer gebaseerde socialemediamarketing

Sommige bedrijven gebruiken sociale media om de naamsbekendheid te vergroten, terwijl andere het gebruiken om de verkoop en het websiteverkeer te stimuleren. Het gebruik van sociale media kan u ook helpen een gemeenschap op te bouwen, de zichtbaarheid van uw merk te vergroten en klanten een manier te bieden om contact met u op te nemen voor klantenondersteuning.

## Wat zijn de vijf marketingmethoden voor social media-platforms?

Vijf tips voor effectieve social media marketing

Maak een actieplan. Elk platform vraagt om een unieke aanpak.

Wees betrouwbaar. Hoewel de frequentie van posten per platform verschilt, is het altijd een goed idee om regelmatig te posten.

Maak interessante en boeiende inhoud om de betrokkenheid te vergroten.

Metrische monitoring en analyse.

## Wat is de meest effectieve digitale marketing voor bedrijven?

- Facebook,
- getjilp,
- Instagram,
- LinkedIn,
- snapchatten,
- EN
- interesse

Enkele van de meest gebruikte platforms om merken op te bouwen en marketingcampagnes te beheren?

## Wat is e-mailmarketing voor advertenties?

Definitie. Er wordt een promotionele e-mail naar de mailinglijst gestuurd waarin uw nieuwe of bestaande product of dienst wordt gepromoot. Er worden promotionele berichten verstuurd om mensen te informeren over nieuwe materialen, speciale aanbiedingen of aanbiedingen.

## Hoe werkt e-mailmarketing?

E-mailmarketing kan worden gebruikt om abonnees van de lijst die u bijhoudt te informeren over nieuwe producten, kortingen en andere diensten. Een andere, meer subtiele marketingstrategie is om uw publiek te informeren over de voordelen van uw bedrijf of om hun aandacht vast te houden na de verkoop.

## Wat zijn de vier soorten e-mailmarketing?

Hier zijn 4 geweldige e-mailmarketingstrategieën die u

kunt gebruiken, samen met enkele voorbeelden.

E-mail nieuwsbrieven. E-mailnieuwsbrieven, ook wel transactionele e-mails genoemd, zijn een van de meest populaire en populaire e-mailmarketinginitiatieven.

E-mailretentie. promotionele e-mails.

**Hoe kan e-mailmarketing worden gebruikt om een bedrijf te promoten?**

Tips voor het opzetten van een succesvolle e-mailmarketingcampagne

Selecteer een relevante mailinglijst.

Creëer uw e-mail.

Pas het onderwerp en de hoofdtekst van uw e-mail aan.

Wees vriendelijk en aantrekkelijk.

Configureer begeleidingen.

E-mails moeten door een echt persoon worden verzonden.

A/B-test uw e-mails.

Volg berichtregels om spam te voorkomen.

## Wat is gesponsorde reclame in advertenties?

Digitale marketingcursus: betaalde advertenties - DMI

Elke plaatsing of mediaruimte moet worden gekocht voor materiaal dat voor marketingdoeleinden moet worden betaald. Dit zijn meestal advertenties of commercials die specifiek zijn ontworpen om uw doelgroep te bereiken. Betaalde advertenties zijn een fantastische manier om de effectiviteit van uw inhoud en de reactie van uw publiek op uw marketingboodschap te bepalen.

## Voor wat voor soort reclame wordt betaald?


## Wat zijn de voordelen van betaalde advertenties?

De online advertenties die u koopt, worden, zoals de naam al doet vermoeden, betaalde advertenties genoemd. Pay-Per-Click (PPC), programmatic advertising zoals Google Ads, Google Display, Facebook Ads, Youtube Ads, LinkedIn Ads, Google en Facebook retargeting en vele andere zijn enkele voorbeelden van betaalde advertenties.


## Hoe kan ik mijn bedrijf op de markt brengen en tegelijkertijd geld verdienen?

Ten slotte zal het u aanmoedigen om nieuwe en originele manieren te vinden om uw advertenties te promoten.

Netwerk met een reclamebureau voor auto's. Verkoop advertentieruimte op je podcast. Verkoop advertentieruimte op uw website.

Verkoop het vergrendelscherm van je telefoon. Beoordeel producten op sociale netwerksites.

Word een machtige invloed.

Dien gastposts in.

## Hoe kan ik influencers zover krijgen dat ze mijn bedrijf steunen?

De sleutel om influencers zover te krijgen dat ze uw posts positief stemmen, is door uit te leggen waarom u denkt dat ze goed bij uw bedrijf passen. Vertel de contentproducent waarom je ze leuk vindt en hoe ze je campagnedoelen en merkwaarden ondersteunen.

## Welke voordelen kan influencer marketing bedrijven bieden?

Door samen te werken met influencers kan uw bedrijf online opvallen. Bovendien kunt u de betrokkenheid van het publiek, de merkreputatie en de conversiepercentages vergroten. Het is tijd voor marketeers en ondernemers om de waarde van influencer marketing te begrijpen en te benutten.

## Wat houden handelsondernemingen in?

Partnerschappen zijn overeenkomsten en acties tussen organisaties die overeenkomen middelen te delen om een gemeenschappelijk doel te bereiken. Samenwerkingen vereisen de deelname van ten minste twee partijen die bereid zijn middelen zoals geld, informatie en mensen uit te wisselen.

## Wat is de rol van allianties en samenwerking in het bedrijfsleven?

Samenwerking heeft veel voordelen en kan, als het goed wordt gedaan, de betrokkenheid, het welzijn en de productiviteit van werknemers drastisch verhogen. Om te slagen heeft een collaboratieve onderneming drie essentiële elementen nodig: een cultuur van samenwerking, de juiste technologieën en duidelijk geformuleerde doelen.

## Wat is merkmarketing via zakelijke samenwerking?

Hoe u uw Instagram-volgers kunt laten groeien door samenwerkingen met merken...

Brand x Brand-partnerschappen worden gevormd wanneer twee of meer bedrijven samenwerken om iets anders en origineels voor een campagne te creëren en elkaar helpen te groeien.

## Lokale marketingstrategie: wat is het?

Het doel van lokale marketing is om mensen te bereiken die in dezelfde stad of regio wonen als uw bedrijf. Dit deel van uw marketingstrategie richt zich op klanten die uw producten of diensten op elk moment kunnen kopen en die zich binnen een bepaalde straal van de daadwerkelijke locatie van uw bedrijf bevinden, meestal op basis van de afgelegde afstand.

## Hoe kan ik mijn bedrijf promoten in mijn buurt?

- Hoe u uw bedrijf lokaal kunt promoten
- Sluit je aan bij regionale organisaties.
- Organiseren van toernooien en competities.
- Bied lokale voordelen en incentives aan.
- Kom in contact met influencers en bedrijven bij jou in de buurt.
- Vermeld uw bedrijf in alle lokale mappen.
- Plaats uw logo op de machines.
- Sponsor een groep of activiteit

## Wat zijn testimonials en reviews?

Recensies zijn de impulsieve en eerlijke mening van een consument over zijn aankoop, zowel positief als negatief. Aan de andere kant zijn getuigenissen slechts positieve klantverhalen verzameld met marketingaspecten.

## Wat houdt een getuigenis in?

Voorbeelden van steelbare advertentiegetuigenissen die u kunt...

De opmerking van een klant over hoe een product of dienst hem heeft geholpen, is vaak een goedkeuring. Dit wordt een certificaat van aanbeveling genoemd. Een van de beste manieren om uw bedrijf op de markt te brengen, is via getuigenisadvertenties die gebruik maken van echte getuigenissen van klanten in advertentietaal en creativiteit.

## Hoe worden beoordelingen en aanbevelingen van consumenten gebruikt?

- Plaats getuigenissen op bestemmingspagina's.
- Neem testimonials op in marketing-e-mails.
- Gebruik getuigenissen van klanten in uw gesponsorde advertenties.
- Sluit de rapporten in uw blog in.
- Plaats borden in de buurt van de CTA.
- Plaats reacties op sociale media.
- Verander testimonials van klanten in succesverhalen.

- Negeer negatieve recensies niet.

## Wat is de marketinganalysebenadering?

Wat is een marketinganalyse? Een marketingassessment is een proces waarmee u inzicht krijgt in de verschillende doelgroepen en demografische segmentaties van uw doelmarkt, evenals in succesvolle betrokkenheidstactieken, klanttrajecten en conversie-optimalisatietechnieken.

## Wat zijn de vier verschillende soorten marketingtactieken?

Traditionele en internetreclame, face-to-face verkoop, directe verkoop, public relations, sponsoring en promoties zijn voorbeelden van soorten advertentiestrategieën.

## Hoe kan ik mijn bedrijf offline promoten?

Visitekaartjes voor uw kleine bedrijf - offline marketingconcepten. Een van de beste manieren om uw bedrijf te promoten, is door geld uit te geven aan kwaliteitsvisitekaartjes.
Flyers en brochures maken.
Maak een boek, wissel van merk, bied kortingen aan, etc.
Stuur kerstkaarten en cadeaus.

cross-promotie. participatie van de gemeenschap.

## Loyaliteitsprogramma's: wat zijn het?

Hoe u de deelname aan klantloyaliteitsprogramma's kunt vergroten ...

Een systematische benadering van klantbehoud die gericht is op het belonen van klanten is een loyaliteitsprogramma. Het doel is om ervoor te zorgen dat mensen bij uw bedrijf kopen en niet bij de concurrentie. Vergroot ook het vertrouwen van klanten in uw merk.

## Welke voordelen kunnen klantloyaliteitsprogramma's bedrijven bieden?

Loyaliteitsprogramma's kunnen bedrijven helpen hun meest waardevolle klanten te behouden met unieke incentives. U kunt ook belangrijke marketinggegevens verzamelen, verwijzingen verhogen en andere dingen doen. Marketeers houden ook van loyaliteitsprogramma's, dus ze zijn niet alleen voor klanten.

## Wat zijn klantloyaliteitsprogramma's en hoe gebruiken bedrijven ze?

Wat is een loyaliteitsprogramma? Klanten die zich bezighouden met een merk worden vaak beloond met loyaliteitsprogramma's. Het is een methode om klantloyaliteit op te bouwen en hen aan te moedigen om bij uw bedrijf te blijven kopen en niet bij een van uw concurrenten. Klanten krijgen meer prikkels naarmate ze meer uitgeven of interactie hebben met het bedrijf.

### ***<u>Veel plezier met lezen</u>***

www.ingramcontent.com/pod-product-compliance
Lightning Source LLC
Chambersburg PA
CBHW071115260726
48661CB00006B/2618